Guestbook

In Celebration of

Kashvi and Kaveer's B-Day Party

Date

06/30/2023

Guest

Note

_____

_____

Guest

Note

_____

_____

_____

_____

_____

_____

_____

_____

_____

_____

_____

_____

_____

_____

_____

_____

_____

Guest

Note

_____ _____

_____

_____

_____ _____

_____

_____

_____

_____ _____

_____

_____

_____ _____

_____

_____

_____

Guest

Note

_____   _____

_____

_____

_____   _____

_____

_____

_____   _____

_____

_____

_____   _____

_____

_____

Guest   Note

_____   _____

                               _____

_____   _____

                               _____

                               _____

                               _____

_____   _____

                               _____

                               _____

                               _____

_____   _____

                               _____

                               _____

                               _____

_____   _____

                               _____

                               _____

Guest

Note

_____   _____

                            _____

                            _____

                            _____

_____   _____

                            _____

                            _____

                            _____

_____   _____

                            _____

                            _____

                            _____

_____   _____

                            _____

                            _____

                            _____

Guest

Note

_____

_____

_____

_____

_____

_____

_____

_____

_____

_____

_____

_____

_____

_____

Guest

Note

_____

_____

_____

_____

_____

_____

_____

_____

_____

_____

_____

_____

_____

_____

_____

_____

_____

_____

Guest

Note

_____

_____

_____

_____

_____

_____

_____

_____

_____

_____

_____

_____

_____

_____

_____

_____

_____

Guest

Note

_____

_____

_____

_____

Guest

Note

_____

_____

_____

_____

_____

_____

_____

_____

_____

_____

_____

_____

_____

_____

_____

_____

_____

_____

_____

Guest

Note

_____   _____

_____

_____

_____   _____

_____

_____

_____   _____

_____

_____

_____   _____

_____

_____

Guest

Note

_____

_____

_____

_____

_____

_____

_____

_____

_____

_____

_____

_____

_____

_____

_____

Guest

Note

_____ _____

_____ _____

_____ _____

_____ _____

_____ _____

_____ _____

_____ _____

_____ _____

_____ _____

_____ _____

_____ _____

_____ _____

_____ _____

_____

Guest

Note

_____   _____

                   _____

                   _____

                   _____

_____   _____

                   _____

                   _____

                   _____

_____   _____

                   _____

                   _____

                   _____

_____   _____

                   _____

                   _____

                   _____

Guest

Note

_____

_____

_____

_____

_____

_____

_____

_____

_____

_____

_____

_____

_____

_____

_____

_____

Guest

Note

_____

_____

_____

_____

_____

_____

_____

_____

_____

_____

_____

_____

_____

_____

_____

Guest

Note

_____

_____

_____

_____

_____

_____

_____

_____

_____

_____

_____

_____

_____

_____

_____

Guest

Note

_____ | _____

_____

_____ | _____

_____

_____ | _____

_____

_____ | _____

_____

_____ | _____

Guest

Note

_____ | _____
_____
_____
_____
_____ | _____
_____
_____
_____ | _____
_____
_____
_____ | _____
_____
_____

Guest

Note

_____

_____

_____

_____

_____

_____

_____

_____

_____

_____

_____

_____

_____

_____

_____

Guest

Note

Guest

Note

_____

_____

_____

_____

_____

_____

_____

_____

_____

_____

_____

_____

_____

_____

_____

_____

_____

Guest

Note

_____

_____

_____

_____

Guest

Note

_____

_____

_____

_____

Guest

Note

_____ _____

_____

_____ _____

_____

_____ _____

_____

_____ _____

_____

_____ _____

_____

_____

_____

Guest

Note

_____

_____

_____

_____

_____

_____

_____

_____

_____

_____

_____

_____

_____

_____

_____

_____

_____

Guest

Note

_____ _____

_____

_____

_____ _____

_____

_____

_____

_____ _____

_____

_____

_____ _____

_____

_____

_____

Guest

Note

_____ _____

_____ _____

_____ _____

_____ _____

_____ _____

_____ _____

_____ _____

_____ _____

_____ _____

_____ _____

_____ _____

_____

Guest

Note

_____ _____

_____

_____ _____

_____

_____

_____ _____

_____

_____

_____ _____

_____

_____

_____ _____

_____

_____

Guest

Note

_____   _____

_____   _____

_____   _____

_____   _____

_____   _____

_____   _____

_____   _____

_____   _____

_____   _____

_____   _____

_____   _____

_____   _____

_____   _____

Guest

Note

_____

_____

_____

_____

_____

_____

_____

_____

_____

_____

_____

_____

_____

_____

Guest

Note

Guest

Note

_____

_____

_____

_____

_____

_____

_____

_____

_____

_____

_____

_____

_____

_____

_____

_____

Guest

Note

Guest

Note

_____

_____

_____

_____

_____

_____

_____

_____

_____

_____

_____

_____

_____

_____

_____

_____

_____

Guest

Note

_____ _____

_____

_____

_____

_____ _____

_____

_____

_____ _____

_____

_____

_____ _____

_____

_____

Guest

Note

_____

_____

_____

_____

_____

_____

_____

_____

_____

_____

_____

_____

_____

_____

_____

_____

_____

Guest

Note

_____   _____

_____   _____

                             _____

                             _____

_____   _____

                             _____

                             _____

                             _____

_____   _____

                             _____

                             _____

                             _____

_____   _____

                             _____

                             _____

                             _____

Guest

Note

Guest

Note

_____

_____

_____

_____

_____

_____

_____

_____

_____

_____

_____

_____

_____

_____

_____

Guest

Note

_____

_____

_____

_____

_____

Guest

Note

_____ _____

_____

_____

_____

_____

_____ _____

_____

_____

_____

_____ _____

_____

_____

_____

_____ _____

_____

_____

Guest   Note

Guest

Note

Guest

Note

Guest

Note

_____

_____

_____

_____

_____

_____

_____

_____

_____

_____

_____

_____

_____

_____

_____

_____

_____

Guest

Note

_____   _____

                    _____

                    _____

                    _____

_____   _____

                    _____

                    _____

                    _____

_____   _____

                    _____

                    _____

_____   _____

                    _____

                    _____

Guest

Note

_____

_____

_____

_____

_____

_____

_____

_____

_____

_____

_____

_____

_____

_____

_____

_____

Guest

Note

_____

_____

_____

_____

_____

_____

_____

_____

_____

_____

_____

_____

_____

_____

_____

Guest

Note

_____

_____

_____

_____

_____

_____

_____

_____

_____

_____

_____

_____

_____

_____

Guest

Note

_____

_____

_____

_____

_____

_____

_____

_____

_____

_____

_____

_____

_____

_____

Made in United States
North Haven, CT
23 June 2023

38096153R00061